AF425921

Dutch Reading Comprehension Texts: Beginners - Book One

Dutch Reading Comprehension Texts for Beginners

Mikkelsen Dubois

Published by Mikkelsen Dubois, 2023.

While every precaution has been taken in the preparation of this book, the publisher assumes no responsibility for errors or omissions, or for damages resulting from the use of the information contained herein.

DUTCH READING COMPREHENSION TEXTS: BEGINNERS - BOOK ONE

First edition. May 7, 2023.

Copyright © 2023 Mikkelsen Dubois.

ISBN: 979-8215448113

Written by Mikkelsen Dubois.

Table of Contents

How to Use This Dutch Reading Comprehension Book

Step 1: Choose the Right Text Level

The first step in doing a Dutch reading comprehension exercise is to choose the right text level. The text should be appropriate for the learner's level and interests. For beginners, texts with simpler vocabulary and shorter sentences are ideal. For more advanced learners, more complex texts can be used. Mikkelsen Dubois offers Dutch Reading Comprehension Texts in different levels - beginner, intermediate and advanced, as well as First Steps for new language learners. It's also important to choose a text that is interesting to the learner. This can help to keep them engaged and motivated, which is crucial for language learning success. Texts on topics like history, culture, and current events can be particularly engaging for learners. Every Mikkelsen Dubois Reading Comprehension Book contains texts on a variety of different topics.

Step 2: Read the Text

Once a suitable text has been chosen, the learner should read it carefully. They should focus on understanding the meaning of the text and how the words and phrases are used in sentences. It's also important to pay attention to the structure of the sentences and the use of grammar. When reading the text, learners should try to read as much as they can without stopping to look up words in a dictionary. This can help to improve their overall comprehension skills and develop their ability to understand the text in context.

Step 3: Analyze the Text

After reading the text, the learner should analyze it to deepen their understanding. This involves paying attention to the structure of the sentences, the use of grammar, and the context in which words are used. Learners can ask themselves questions about the text to help them analyze it more deeply.

For example, they could ask themselves:

What is the main idea of the text?

What is the purpose of the text?

What is the tone of the text?

What new words or phrases have I learned from the text?

What new grammar structures have I learned from the text?

By analyzing the text in this way, learners can develop a more comprehensive understanding of the text and improve their comprehension skills. Making a note of new vocabulary, grammar and sentence structure will help the learner in this analysis and support the learning process.

Step 4: Answer the Questions

The next step in doing a Dutch reading comprehension exercise is to answer the questions. In every Mikkelsen Dubois Dutch Comprehension Book, questions are provided with the text. These questions are designed to test the learner's understanding of the text and their ability to apply their knowledge of Dutch vocabulary and grammar. Learners should answer the questions as thoroughly and accurately as possible, using their knowledge of Dutch vocabulary and grammar.

Step 5: Check Answers

After answering the questions, the learner should check their answers. This involves reviewing their responses and ensuring that they are accurate and complete. If the learner has made mistakes, they should try to identify the areas where they need to improve their understanding. This could involve reviewing specific vocabulary or grammar structures or practicing their comprehension skills with more texts.

Step 6: Review and Practice

The final step in doing a Dutch reading comprehension exercise is to review and practice. This involves reviewing the text and the questions and identifying areas for improvement. Learners should use the reading comprehension exercise as a learning tool to improve their comprehension skills and develop their knowledge of Dutch vocabulary and grammar. By regularly practicing with different types of texts and using strategies like taking notes, analyzing the text, and asking questions, learners can improve their comprehension skills more quickly.

Text One

Read the following Dutch comprehension text carefully.

Then answer the questions using the information provided in the text.

Try to answer in full sentences and pay attention to your spelling and grammar.

Once you have answered all the questions, check your answers with the suggested answers.

<u>Mijn huisdier</u>

Hallo allemaal! Vandaag ga ik jullie iets vertellen over mijn huisdier. Mijn huisdier is een kat en haar naam is Luna. Luna is een zwarte kat met groene ogen. Ze is erg lief en speels. Ik speel vaak met haar en ik geef haar elke dag eten en water. Luna slaapt graag op mijn bed en soms krabt ze aan de meubels. Dat vind ik niet zo leuk, dus ik heb een krabpaal voor haar gekocht. Ik geef Luna ook regelmatig een borstelbeurt, zodat ze er altijd mooi uitziet.

Questions

1. Wat voor huisdier heeft de schrijver?
2. Hoe heet het huisdier?
3. Hoe ziet het huisdier eruit?
4. Hoe is het karakter van het huisdier?
5. Waar slaapt het huisdier graag?
6. Waarom heeft de schrijver een krabpaal gekocht?

Answers

1. De schrijver heeft een kat als huisdier.
2. Het huisdier heet Luna.
3. Luna is een zwarte kat met groene ogen.
4. Luna is lief en speels.
5. Luna slaapt graag op het bed van de schrijver.
6. De schrijver heeft een krabpaal gekocht zodat Luna niet aan de meubels krabt.

Text Two

Read the following Dutch comprehension text carefully.

Then answer the questions using the information provided in the text.

Try to answer in full sentences and pay attention to your spelling and grammar.

Once you have answered all the questions, check your answers with the suggested answers.

<u>Mijn favoriete hobby</u>

Hallo allemaal! Vandaag ga ik jullie vertellen over mijn favoriete hobby. Mijn favoriete hobby is lezen. Ik lees graag spannende boeken en romans. Als ik eenmaal in een boek zit, kan ik er helemaal in opgaan. Ik lees graag voor het slapengaan, maar ook op een rustige middag vind ik het heerlijk om een boek te lezen. Ik ga vaak naar de bibliotheek om nieuwe boeken te halen en ik heb ook een aantal boeken thuis liggen die ik nog wil lezen. Naast lezen houd ik ook van wandelen en fietsen. Maar lezen blijft toch wel mijn favoriete hobby.

Questions

1. Wat is de favoriete hobby van de schrijver?
2. Welke soort boeken leest de schrijver graag?
3. Wanneer leest de schrijver het liefst?
4. Waar haalt de schrijver nieuwe boeken?
5. Naast lezen, welke andere hobby's heeft de schrijver?

Answers

1. De favoriete hobby van de schrijver is lezen.
2. De schrijver leest graag spannende boeken en romans.
3. De schrijver leest graag voor het slapengaan, maar ook op rustige middagen.
4. De schrijver haalt nieuwe boeken bij de bibliotheek.
5. Naast lezen houdt de schrijver ook van wandelen en fietsen.

Text Three

Read the following Dutch comprehension text carefully.

Then answer the questions using the information provided in the text.

Try to answer in full sentences and pay attention to your spelling and grammar.

Once you have answered all the questions, check your answers with the suggested answers.

<u>Mijn weekendroutine</u>

Ik ben dol op mijn weekenden, omdat ik dan even kan ontspannen en tijd kan doorbrengen met mijn vrienden en familie. Op zaterdagochtend ga ik meestal naar de sportschool om te sporten en daarna doe ik boodschappen voor het weekend. 's Middags ga ik vaak naar buiten om te wandelen of te fietsen. Op zondag slaap ik meestal wat langer uit en maak ik een lekker ontbijtje voor mezelf. Daarna spreek ik vaak af met vrienden of familie om iets leuks te doen, zoals naar de film gaan of lekker uit eten. Ik probeer mijn weekenden altijd zo ontspannen mogelijk te houden, zodat ik op maandag weer fris aan de slag kan.

Questions

1. Waarom is de schrijver dol op weekenden?
2. Wat doet de schrijver op zaterdagochtend?
3. Waar gaat de schrijver vaak heen op zaterdagmiddag?
4. Wat doet de schrijver op zondagochtend?
5. Wat doet de schrijver vaak met vrienden of familie op zondag?

Answers

1. De schrijver is dol op weekenden omdat hij dan even kan ontspannen en tijd kan doorbrengen met vrienden en familie.
2. Op zaterdagochtend gaat de schrijver meestal naar de sportschool om te sporten en daarna doet hij boodschappen.
3. Op zaterdagmiddag gaat de schrijver vaak naar buiten om te wandelen of te fietsen.
4. Op zondagochtend slaapt de schrijver meestal wat langer uit en maakt hij een lekker ontbijtje voor zichzelf.
5. Op zondag doet de schrijver vaak iets leuks met vrienden of familie, zoals naar de film gaan of uit eten.

Text Four

Read the following Dutch comprehension text carefully.

Then answer the questions using the information provided in the text.

Try to answer in full sentences and pay attention to your spelling and grammar.

Once you have answered all the questions, check your answers with the suggested answers.

<u>De vervuiling van de oceanen</u>

De oceanen zijn van groot belang voor ons ecosysteem. Ze bedekken meer dan 70% van het aardoppervlak en leveren meer dan de helft van de zuurstof die we inademen. Helaas worden ze tegenwoordig ernstig bedreigd door de vervuiling die door de mens wordt veroorzaakt. De vervuiling van de oceanen kan worden veroorzaakt door afval, chemicaliën, olie en plastic. Dit heeft een ernstige impact op de dieren en planten die in de oceanen leven, en het kan zelfs gevolgen hebben voor onze eigen gezondheid.

Questions

1. Wat bedekken de oceanen op het aardoppervlak?
2. Hoeveel van de zuurstof die we inademen, wordt door de oceanen
    geleverd?
3. Wat veroorzaakt de vervuiling van de oceanen?
4. Wat is de impact van de vervuiling op de dieren en planten in de
    oceanen?

Answers

1. De oceanen bedekken meer dan 70% van het aardoppervlak.
2. Meer dan de helft van de zuurstof die we inademen wordt door de
    oceanen geleverd.
3. De vervuiling van de oceanen kan worden veroorzaakt door afval,
    chemicaliën, olie en plastic.
4. De vervuiling heeft een ernstige impact op de dieren en planten die in
    de oceanen leven.

Text Five

Read the following Dutch comprehension text carefully.

Then answer the questions using the information provided in the text.

Try to answer in full sentences and pay attention to your spelling and grammar.

Once you have answered all the questions, check your answers with the suggested answers.

<u>Het Weer Vandaag</u>

Vandaag is het een mooie dag met een temperatuur van ongeveer 20 graden Celsius. De zon schijnt en er is weinig wind. Er is een kleine kans op een korte regenbui later in de middag.

Questions

1. Wat is de temperatuur vandaag?
2. Is er veel wind vandaag?
3. Wat is de kans op regen?

Answers

1. De temperatuur is ongeveer 20 graden Celsius.
2. Nee, er is weinig wind.
3. Er is een kleine kans op een korte regenbui later in de middag.

Text Six

Read the following Dutch comprehension text carefully.

Then answer the questions using the information provided in the text.

Try to answer in full sentences and pay attention to your spelling and grammar.

Once you have answered all the questions, check your answers with the suggested answers.

<u>Polders in Nederland</u>

Polders zijn een belangrijk kenmerk van Nederland. Het zijn gebieden die onder zeeniveau liggen en die door mensen zijn drooggelegd, om te voorkomen dat ze overstromen. Door de polders zijn grote delen van het land bewoonbaar en vruchtbaar geworden. In een polder wordt het waterpeil kunstmatig laag gehouden, door middel van dijken, sluizen en gemalen. Zo kan het overtollige water worden afgevoerd. De bodem in een polder bestaat meestal uit klei of veen en is daarom erg vruchtbaar. Polders worden voornamelijk gebruikt voor landbouw en veeteelt, maar sommige worden ook gebruikt voor recreatie.

Questions

1. Wat zijn polders?
2. Waarom zijn polders belangrijk in Nederland?
3. Hoe wordt het waterpeil in een polder laag gehouden?
4. Wat is de bodem in een polder?
5. Waarvoor worden polders voornamelijk gebruikt?

Answers

1. Polders zijn gebieden die onder zeeniveau liggen en die door mensen zijn drooggelegd.
2. Polders hebben grote delen van het land bewoonbaar en vruchtbaar gemaakt.
3. Het waterpeil in een polder wordt kunstmatig laag gehouden door middel van dijken, sluizen en gemalen.
4. De bodem in een polder bestaat meestal uit klei of veen en is daarom erg vruchtbaar.
5. Polders worden voornamelijk gebruikt voor landbouw en veeteelt.

Text Seven

Read the following Dutch comprehension text carefully.

Then answer the questions using the information provided in the text.

Try to answer in full sentences and pay attention to your spelling and grammar.

Once you have answered all the questions, check your answers with the suggested answers.

<u>Mijn favoriete hobby: koken</u>

Hallo allemaal! Vandaag wil ik jullie vertellen over mijn favoriete hobby: koken. Ik vind het heerlijk om nieuwe recepten uit te proberen en mijn vrienden en familie te verrassen met mijn kookkunsten. Ik kook het liefst met verse ingrediënten en ik vind het leuk om te experimenteren met verschillende kruiden en specerijen. Ik maak graag verschillende soorten gerechten, van Italiaanse pasta's tot Thaise curry's en van gezonde salades tot decadente desserts. Het geeft me een voldaan gevoel wanneer ik iets lekkers heb gemaakt waar anderen van genieten. Bovendien vind ik het ook een leuke manier om nieuwe culturen te ontdekken en meer te leren over de verschillende keukens van de wereld.

Questions

1. Wat is de favoriete hobby van de schrijver?
2. Met welke ingrediënten kookt de schrijver het liefst?
3. Wat voor soort gerechten maakt de schrijver graag?

Answers

1. De favoriete hobby van de schrijver is koken.
2. De schrijver kookt het liefst met verse ingrediënten.
3. De schrijver maakt graag verschillende soorten gerechten, van Italiaanse pasta's tot Thaise curry's en van gezonde salades tot decadente desserts.

Text Eight

Read the following Dutch comprehension text carefully.

Then answer the questions using the information provided in the text.

Try to answer in full sentences and pay attention to your spelling and grammar.

Once you have answered all the questions, check your answers with the suggested answers.

<u>Van Gogh: een beroemde Nederlandse kunstenaar</u>

Vincent van Gogh was een beroemde Nederlandse kunstenaar die in de 19e eeuw leefde. Hij staat vooral bekend om zijn schilderijen met felle kleuren en dikke, expressieve verfstreken. Van Gogh begon pas op latere leeftijd met schilderen en had in zijn leven veel problemen en tegenslagen. Hij leed aan depressies en zijn werk werd niet altijd goed ontvangen door de kunstwereld. Toch bleef hij doorgaan met schilderen en tegenwoordig worden zijn schilderijen beschouwd als meesterwerken. Enkele van zijn bekendste werken zijn "Sterrennacht" en "Zonnebloemen". Het Van Gogh Museum in Amsterdam is een populaire toeristische attractie waar veel van zijn werken te bewonderen zijn.

Questions

1. Wie was Vincent van Gogh?
2. Waar staat Van Gogh vooral bekend om?
3. Wat zijn enkele van zijn bekendste werken?
4. Waar kan je werken van Van Gogh bewonderen?

Answers

1. Vincent van Gogh was een beroemde Nederlandse kunstenaar uit de 19e eeuw.
2. Van Gogh staat vooral bekend om zijn schilderijen met felle kleuren en dikke, expressieve verfstreken.
3. Enkele van zijn bekendste werken zijn "Sterrennacht" en "Zonnebloemen".
4. Je kan werken van Van Gogh bewonderen in het Van Gogh Museum in Amsterdam, dat een populaire toeristische attractie is.

Text Nine

Read the following Dutch comprehension text carefully.

Then answer the questions using the information provided in the text.

Try to answer in full sentences and pay attention to your spelling and grammar.

Once you have answered all the questions, check your answers with the suggested answers.

<u>Koningsdag: feestelijke dag in Nederland</u>

Koningsdag is een feestelijke dag in Nederland die elk jaar op 27 april wordt gevierd. Op deze dag wordt de verjaardag van de koning gevierd met festiviteiten door het hele land. Veel mensen dragen oranje kleding en er worden overal markten en optochten gehouden. Kinderen verkopen spulletjes op straat en er is veel muziek en dans. In sommige steden worden ook traditionele spellen gespeeld, zoals koekhappen en spijkerpoepen. Koningsdag is een dag waarop de Nederlandse cultuur en tradities worden gevierd en het is een feestelijke gelegenheid voor mensen van alle leeftijden.

Questions

1. Wat is Koningsdag?
2. Wanneer wordt Koningsdag gevierd?
3. Waarom wordt Koningsdag gevierd?
4. Waarom is Koningsdag belangrijk voor de Nederlandse cultuur?

Answers

1. Koningsdag is een feestelijke dag in Nederland.
2. Koningsdag wordt elk jaar op 27 april gevierd.
3. Koningsdag wordt gevierd ter ere van de verjaardag van de koning.
4. Koningsdag is belangrijk voor de Nederlandse cultuur omdat het een dag is waarop de Nederlandse tradities en cultuur worden gevierd en het verbindt mensen van alle leeftijden en achtergronden.

Text Ten

Read the following Dutch comprehension text carefully.

Then answer the questions using the information provided in the text.

Try to answer in full sentences and pay attention to your spelling and grammar.

Once you have answered all the questions, check your answers with the suggested answers.

<u>Het Openbaar Vervoer in Nederland: Reizen met de trein, bus en tram</u>

Het openbaar vervoer in Nederland is goed geregeld en makkelijk te gebruiken. De Nederlandse Spoorwegen (NS) verzorgen treinvervoer door het hele land en hebben een uitgebreid netwerk van stations. Je kunt ook reizen met de bus of tram, die vaak door lokale vervoersbedrijven worden geëxploiteerd. In grote steden zoals Amsterdam en Rotterdam is er ook een metrostelsel.

Om te reizen met het openbaar vervoer heb je een OV-chipkaart nodig. Deze kaart kun je kopen bij een kaartjesautomaat op het station of bij een tabakswinkel. Je kunt de kaart opladen met saldo en hiermee betalen voor je reizen.

Het openbaar vervoer in Nederland is betrouwbaar en relatief goedkoop. Het is een handige en milieuvriendelijke manier om te reizen en het is ook een goede manier om nieuwe plaatsen te ontdekken.

Questions

1. Wat is het Nederlandse spoorwegbedrijf?
2. Hoe kun je betalen voor je reizen met het openbaar vervoer?
3. Is het openbaar vervoer in Nederland betrouwbaar?
4. Wat is een OV-chipkaart?

Answers

1. Het Nederlandse spoorwegbedrijf is de Nederlandse Spoorwegen (NS).
2. Je kunt betalen voor je reizen met het openbaar vervoer met een OV-chipkaart die je kunt opladen met saldo.
3. Ja, het openbaar vervoer in Nederland is betrouwbaar.
4. Een OV-chipkaart is een kaart die je nodig hebt om te reizen met het openbaar vervoer in Nederland.

Text Eleven

Read the following Dutch comprehension text carefully.

Then answer the questions using the information provided in the text.

Try to answer in full sentences and pay attention to your spelling and grammar.

Once you have answered all the questions, check your answers with the suggested answers.

<u>Het Weer Morgen</u>

Morgen wordt het weer anders dan vandaag. Volgens de voorspellingen zal het morgen bewolkt zijn met af en toe wat regen. De temperaturen zullen tussen de 10 en 14 graden Celsius liggen. Het is raadzaam om een paraplu mee te nemen als je van plan bent om naar buiten te gaan.

Questions

1. Hoe zal het weer morgen zijn?
2. Zal het regenen?
3. Wat zijn de temperaturen morgen?
4. Is het nodig om een paraplu mee te nemen?

Answers

1. Het weer zal morgen bewolkt zijn.
2. Ja, er zal af en toe wat regen zijn.
3. De temperaturen zullen tussen de 10 en 14 graden Celsius liggen.
4. Ja, het is raadzaam om een paraplu mee te nemen.

Text Twelve

Read the following Dutch comprehension text carefully.

Then answer the questions using the information provided in the text.

Try to answer in full sentences and pay attention to your spelling and grammar.

Once you have answered all the questions, check your answers with the suggested answers.

<u>Het weer in Nederland</u>

Het weer in Nederland kan variëren van dag tot dag en van seizoen tot seizoen. De zomers zijn meestal warm met gemiddelde temperaturen tussen de 20-25 graden Celsius, terwijl de winters koud zijn met temperaturen rond het vriespunt. In het najaar en voorjaar is het weer vaak wisselvallig met regen en wind.

Neerslag is ook een belangrijk onderdeel van het weer in Nederland. Het regent gemiddeld ongeveer 7 tot 8 dagen per maand, maar sommige maanden kunnen veel natter zijn dan andere. In de winter kan het ook sneeuwen, wat voor mooie winterlandschappen zorgt.

Questions

1. Hoe zijn de temperaturen in de zomer en winter in Nederland?
2. Wat voor weer is er vaak in het najaar en voorjaar?
3. Hoeveel dagen regent het gemiddeld per maand in Nederland?
4. Kan het ook sneeuwen in Nederland?

Answers

1. De zomers zijn meestal warm met gemiddelde temperaturen tussen de 20-25 graden Celsius, terwijl de winters koud zijn met temperaturen rond het vriespunt.
2. In het najaar en voorjaar is het weer vaak wisselvallig met regen en wind.
3. Gemiddeld regent het ongeveer 7 tot 8 dagen per maand in Nederland.
4. Ja, in de winter kan het ook sneeuwen in Nederland.

Text Thirteen

Read the following Dutch comprehension text carefully.

Then answer the questions using the information provided in the text.

Try to answer in full sentences and pay attention to your spelling and grammar.

Once you have answered all the questions, check your answers with the suggested answers.

<u>De prachtige grachten van Amsterdam</u>

Amsterdam staat bekend om zijn prachtige grachten, die zijn aangelegd in de 17e eeuw. Deze grachten vormen een belangrijk onderdeel van de geschiedenis en cultuur van Amsterdam en staan sinds 2010 op de Werelderfgoedlijst van UNESCO.

Er zijn meer dan 100 kilometer aan grachten in Amsterdam, met meer dan 1500 bruggen. Een populaire manier om de grachten te verkennen is per boot, waarbij je kunt genieten van de mooie grachtenhuizen en de unieke sfeer van Amsterdam.

Daarnaast zijn er ook veel terrasjes en restaurants langs de grachten, waar je kunt genieten van het uitzicht en heerlijk kunt eten en drinken.

Questions

1. Waar staat Amsterdam bekend om?
2. Wanneer zijn de grachten aangelegd?
3. Hoeveel kilometer aan grachten zijn er in Amsterdam?
4. Wat is een populaire manier om de grachten te verkennen?

Answers

1. Amsterdam staat bekend om zijn prachtige grachten.
2. De grachten zijn aangelegd in de 17e eeuw.
3. Er zijn meer dan 100 kilometer aan grachten in Amsterdam.
4. Een populaire manier om de grachten te verkennen is per boot.

Text Fourteen

Read the following Dutch comprehension text carefully.

Then answer the questions using the information provided in the text.

Try to answer in full sentences and pay attention to your spelling and grammar.

Once you have answered all the questions, check your answers with the suggested answers.

<u>Kerststol - een traditioneel Nederlands kerstbrood</u>

Kerststol is een traditioneel Nederlands kerstbrood dat meestal wordt gegeten tijdens het kerstfeest. Het is een gevuld brood met rozijnen, krenten, amandelspijs en soms ook sukade en citrusvruchten. Het brood wordt vaak bestrooid met poedersuiker en geserveerd als ontbijt of dessert tijdens de kerstperiode.

Kerststol wordt al sinds de middeleeuwen in Nederland gegeten en is in de loop der tijd uitgegroeid tot een populair kerstgerecht. Veel bakkerijen verkopen hun eigen varianten van kerststol en sommige families hebben hun eigen traditionele recepten.

Questions

1. Wat is kerststol?
2. Wat zit er meestal in kerststol?
3. Hoe wordt kerststol geserveerd?
4. Hoe lang wordt kerststol al in Nederland gegeten?
5. Verkopen veel bakkerijen kerststol?

Answers

1. Kerststol is een traditioneel Nederlands kerstbrood.
2. Kerststol bevat rozijnen, krenten, amandelspijs en soms ook sukade en citrusvruchten.
3. Kerststol wordt vaak bestrooid met poedersuiker en geserveerd als ontbijt of dessert tijdens de kerstperiode.
4. Kerststol wordt al sinds de middeleeuwen in Nederland gegeten.
5. Ja, veel bakkerijen verkopen hun eigen varianten van kerststol.

Text Fifteen

Read the following Dutch comprehension text carefully.

Then answer the questions using the information provided in the text.

Try to answer in full sentences and pay attention to your spelling and grammar.

Once you have answered all the questions, check your answers with the suggested answers.

<u>Tweetaligheid in België</u>

België is een land waar meerdere talen worden gesproken, waaronder Nederlands, Frans en Duits. Dit komt doordat het land uit twee verschillende taalgebieden bestaat: het Nederlandstalige Vlaanderen en het Franstalige Wallonië. Daarnaast is er ook een kleine Duitstalige gemeenschap. Veel Belgen zijn dan ook tweetalig of zelfs drietalig opgegroeid.

Het spreken van meerdere talen kan erg voordelig zijn, zowel op persoonlijk als professioneel vlak. In België is het dan ook erg gebruikelijk om meerdere talen te spreken en wordt dit ook gestimuleerd op scholen. Er zijn zelfs scholen waar kinderen van jongs af aan tweetalig onderwijs krijgen.

Questions

1. Welke talen worden er gesproken in België?
2. Uit hoeveel taalgebieden bestaat België?
3. Is het spreken van meerdere talen in België gebruikelijk?

Answers

1. Nederlands, Frans en Duits worden er gesproken in België.
2. België bestaat uit twee verschillende taalgebieden: Vlaanderen (Nederlands) en Wallonië (Frans).
3. Ja, het spreken van meerdere talen is erg gebruikelijk in België.

Text Sixteen

Read the following Dutch comprehension text carefully.

Then answer the questions using the information provided in the text.

Try to answer in full sentences and pay attention to your spelling and grammar.

Once you have answered all the questions, check your answers with the suggested answers.

<u>Mijn huisdieren</u>

Ik heb twee huisdieren. De eerste is een kat genaamd Luna en de tweede is een hond genaamd Max. Luna is heel rustig en slaapt het grootste deel van de dag. Max is daarentegen heel actief en houdt van rennen en spelen.

Luna is een schildpadkat met een oranje en zwarte vacht. Ze is heel lief en komt vaak bij me zitten terwijl ik aan het werk ben. Max is een golden retriever met een gouden vacht. Hij is heel enthousiast en begroet me altijd kwispelend als ik thuiskom.

Ik geef mijn huisdieren elke dag te eten en te drinken. Luna eet kattenvoer en Max eet hondenvoer. Ik zorg er ook voor dat ze regelmatig naar de dierenarts gaan voor controle en vaccinaties.

Questions

1. Hoeveel huisdieren heb je?
2. Hoe heet je kat?
3. Hoe heet je hond?
4. Wat voor kleur heeft de vacht van Luna?
5. Wat eet Luna?
6. Wat eet Max?
7. Gaan je huisdieren regelmatig naar de dierenarts?

Answers

1. Ik heb twee huisdieren.
2. Mijn kat heet Luna.
3. Mijn hond heet Max.
4. De vacht van Luna is oranje en zwart.
5. Luna eet kattenvoer.
6. Max eet hondenvoer.
7. Ja, mijn huisdieren gaan regelmatig naar de dierenarts.

Text Seventeen

Read the following Dutch comprehension text carefully.

Then answer the questions using the information provided in the text.

Try to answer in full sentences and pay attention to your spelling and grammar.

Once you have answered all the questions, check your answers with the suggested answers.

<u>Oliebol - een traditionele Nieuwjaarssnack in Nederland</u>

Een oliebol is een traditionele Nederlandse snack die vaak wordt gegeten tijdens de jaarwisseling. Het is een soort gefrituurde deegbal die meestal bestrooid is met poedersuiker. Oliebollen worden vaak gevuld met rozijnen, appel of krenten, en soms ook met stukjes chocolade of andere zoete vullingen. In Nederland zijn er veel kraampjes en bakkerijen die oliebollen verkopen in de weken voor en na oud en nieuw.

Questions

1. Wat is een oliebol?
2. Wanneer worden oliebollen meestal gegeten?
3. Wat zit er vaak in oliebollen?
4. Waar kun je oliebollen kopen in Nederland?

Answers

1. Een oliebol is een gefrituurde deegbal die meestal bestrooid is met poedersuiker.
2. Oliebollen worden meestal gegeten tijdens de jaarwisseling.
3. Oliebollen worden vaak gevuld met rozijnen, appel of krenten, en soms ook met stukjes chocolade of andere zoete vullingen.
4. In Nederland kun je oliebollen kopen bij kraampjes en bakkerijen in de weken voor en na oud en nieuw.

Text Eighteen

Read the following Dutch comprehension text carefully.

Then answer the questions using the information provided in the text.

Try to answer in full sentences and pay attention to your spelling and grammar.

Once you have answered all the questions, check your answers with the suggested answers.

<u>Misdaad en straf in Nederland</u>

In Nederland hebben we een rechtssysteem dat is gebaseerd op het idee van strafrechtelijke verantwoordelijkheid en rehabilitatie. Wanneer iemand een misdrijf begaat, wordt deze persoon vervolgd en berecht volgens de wet. Er zijn verschillende soorten straffen die kunnen worden opgelegd, waaronder boetes, gevangenisstraffen en taakstraffen.

Daarnaast heeft Nederland een aantal bijzondere strafrechtelijke maatregelen, zoals TBS (terbeschikkingstelling), die worden opgelegd aan mensen die een ernstig misdrijf hebben begaan en een gevaar vormen voor de samenleving.

Voor minderjarige daders geldt een aparte rechtsgang. Zij worden berecht volgens het jeugdstrafrecht en kunnen ook andere soorten straffen opgelegd krijgen, zoals jeugddetentie en taakstraffen.

Questions

1. Op welk idee is het Nederlandse rechtssysteem gebaseerd?
2. Welke soorten straffen kunnen er worden opgelegd?
3. Wat is TBS?
4. Hoe worden minderjarige daders berecht?

Answers

1. Het Nederlandse rechtssysteem is gebaseerd op het idee van strafrechtelijke verantwoordelijkheid en rehabilitatie.
2. Boetes, gevangenisstraffen en taakstraffen kunnen worden opgelegd.
3. TBS is een bijzondere strafrechtelijke maatregel die wordt opgelegd aan mensen die een ernstig misdrijf hebben begaan en een gevaar vormen voor de samenleving.
4. Minderjarige daders worden berecht volgens het jeugdstrafrecht. Ze kunnen ook andere soorten straffen opgelegd krijgen, zoals jeugddetentie en taakstraffen.

Text Nineteen

Read the following Dutch comprehension text carefully.

Then answer the questions using the information provided in the text.

Try to answer in full sentences and pay attention to your spelling and grammar.

Once you have answered all the questions, check your answers with the suggested answers.

<u>Overstromingen in Nederland</u>

In Nederland zijn overstromingen een bekend probleem vanwege de lage ligging van het land. Overstromingen kunnen veroorzaakt worden door zware regenval, smeltwater uit de bergen en hoge waterstanden van de rivieren en de zee. De Nederlandse overheid neemt daarom verschillende maatregelen om de kans op overstromingen te verkleinen en de gevolgen ervan te beperken. Zo zijn er dijken en dammen gebouwd om het water tegen te houden en wordt het waterpeil in de rivieren gereguleerd. Ook zijn er plannen om overstromingsgebieden aan te leggen waar het water gecontroleerd kan worden opgevangen.

Questions

1. Waarom zijn overstromingen in Nederland een bekend probleem?
2. Wat zijn enkele oorzaken van overstromingen in Nederland?
3. Welke maatregelen neemt de Nederlandse overheid om de kans op overstromingen te verkleinen?

Answers

1. Overstromingen zijn een bekend probleem in Nederland vanwege de lage ligging van het land.
2. Overstromingen kunnen veroorzaakt worden door zware regenval, smeltwater uit de bergen en hoge waterstanden van de rivieren en de zee.
3. De Nederlandse overheid neemt verschillende maatregelen zoals het bouwen van dijken en dammen, het reguleren van het waterpeil in de rivieren en het aanleggen van overstromingsgebieden.

Text Twenty

Read the following Dutch comprehension text carefully.

Then answer the questions using the information provided in the text.

Try to answer in full sentences and pay attention to your spelling and grammar.

Once you have answered all the questions, check your answers with the suggested answers.

<u>Sinterklaas - Een traditioneel Nederlands feest voor kinderen</u>

Sinterklaas is een traditioneel Nederlands feest dat elk jaar op 5 december wordt gevierd. Het feest draait om de legendarische figuur van Sinterklaas, die bekend staat als een vriendelijke bisschop uit Spanje. Volgens de legende brengt Sinterklaas cadeautjes en lekkernijen naar kinderen die het hele jaar lief zijn geweest. Het feest wordt gevierd met pepernoten, chocoladeletters en speculaas, en er wordt vaak gezongen en gedanst. Op de avond van 5 december zetten kinderen hun schoen bij de schoorsteen, in de hoop dat Sinterklaas langs zal komen om er cadeautjes in te stoppen.

Questions

1. Wat is Sinterklaas?
2. Wanneer wordt het Sinterklaasfeest gevierd?
3. Wat brengt Sinterklaas naar kinderen die het hele jaar lief zijn geweest?
4. Wat wordt er gegeten tijdens het Sinterklaasfeest?

Answers

1. Sinterklaas is een traditioneel Nederlands feest.
2. Het Sinterklaasfeest wordt elk jaar op 5 december gevierd.
3. Sinterklaas brengt cadeautjes en lekkernijen naar kinderen die het hele jaar lief zijn geweest.
4. Tijdens het Sinterklaasfeest wordt er vaak pepernoten, chocoladeletters en speculaas gegeten.

Text Twenty One

Read the following Dutch comprehension text carefully.

Then answer the questions using the information provided in the text.

Try to answer in full sentences and pay attention to your spelling and grammar.

Once you have answered all the questions, check your answers with the suggested answers.

<u>Over Nederlandse Kaas</u>

Nederland is bekend om zijn heerlijke kazen. Er zijn meer dan 100 verschillende soorten kazen die in Nederland geproduceerd worden, waaronder Goudse kaas, Edammer kaas, Maasdammer kaas en Leidse kaas. Kaas is een belangrijk onderdeel van de Nederlandse cultuur en wordt vaak gegeten als onderdeel van de lunch of als snack.

Questions

1. Waar staat Nederland bekend om?
2. Hoeveel verschillende soorten kaas worden er in Nederland geproduceerd?
3. Noem een paar soorten Nederlandse kaas.
4. Wanneer wordt kaas vaak gegeten in Nederland?

Answers

1. Nederland staat bekend om zijn heerlijke kazen.
2. Er worden meer dan 100 verschillende soorten kazen in Nederland geproduceerd.
3. Enkele soorten Nederlandse kaas zijn Goudse kaas, Edammer kaas, Maasdammer kaas en Leidse kaas.
4. Kaas wordt vaak gegeten als onderdeel van de lunch of als snack.

Text Twenty Two

Read the following Dutch comprehension text carefully.

Then answer the questions using the information provided in the text.

Try to answer in full sentences and pay attention to your spelling and grammar.

Once you have answered all the questions, check your answers with the suggested answers.

<u>De Nijmeegse Vierdaagse: Een Jaarlijks Wandelevenement</u>

Jaarlijks in juli vindt de Nijmeegse Vierdaagse plaats, een van de grootste wandelevenementen ter wereld. De deelnemers lopen vier dagen lang 30, 40 of 50 kilometer per dag. Het evenement trekt deelnemers uit heel Nederland en van over de hele wereld.

Het parcours leidt door prachtige landschappen en dorpen, met veel supporters langs de kant om de wandelaars aan te moedigen. Naast het wandelen zijn er ook veel feestelijke evenementen in de stad Nijmegen, waar de wandelaars na elke dag hun prestaties kunnen vieren.

Questions

1. Wanneer vindt de Nijmeegse Vierdaagse plaats?
2. Hoe lang lopen de deelnemers per dag?
3. Waar leidt het parcours doorheen?
4. Wie komen er naar de Nijmeegse Vierdaagse?
5. Wat kunnen de wandelaars doen na elke dag?

Answers

1. De Nijmeegse Vierdaagse vindt jaarlijks plaats in juli.
2. De deelnemers lopen vier dagen lang 30, 40 of 50 kilometer per dag.
3. Het parcours leidt door prachtige landschappen en dorpen.
4. Deelnemers komen uit heel Nederland en van over de hele wereld.
5. Na elke dag kunnen de wandelaars hun prestaties vieren tijdens feestelijke evenementen in de stad Nijmegen.

Text Twenty Three

Read the following Dutch comprehension text carefully.

Then answer the questions using the information provided in the text.

Try to answer in full sentences and pay attention to your spelling and grammar.

Once you have answered all the questions, check your answers with the suggested answers.

<u>Schaatsen in Nederland</u>

Schaatsen is een van de favoriete activiteiten van Nederlanders tijdens de winter. Het is een sport die je alleen of met vrienden en familie kunt beoefenen. In Nederland hebben we veel ijsbanen, zowel binnen als buiten, waar mensen kunnen schaatsen. Veel mensen gaan ook schaatsen op meren, kanalen en rivieren, maar het is belangrijk om te weten dat het alleen veilig is als het ijs dik genoeg is.

Questions

1. Met wie kun je schaatsen in Nederland?
2. Waar kun je schaatsen in Nederland?
3. Is het veilig om te schaatsen op meren, kanalen en rivieren?

Answers

1. Je kunt alleen schaatsen of met vrienden en familie.
2. In Nederland zijn er veel ijsbanen zowel binnen als buiten waar mensen kunnen schaatsen. Mensen schaatsen ook op meren, kanalen en rivieren.
3. Het is alleen veilig om te schaatsen op meren, kanalen en rivieren als het ijs dik genoeg is.

Text Twenty Four

Read the following Dutch comprehension text carefully.

Then answer the questions using the information provided in the text.

Try to answer in full sentences and pay attention to your spelling and grammar.

Once you have answered all the questions, check your answers with the suggested answers.

<u>De Veluwe: Een prachtig natuurgebied</u>

De Veluwe is een groot natuurgebied in het oosten van Nederland, in de provincies Gelderland en Overijssel. Het gebied bestaat uit uitgestrekte bossen, heidevelden, zandverstuivingen en historische stadjes en dorpen. Het is een populaire bestemming voor wandelaars, fietsers en natuurliefhebbers.

In de Veluwe zijn veel verschillende soorten dieren te vinden, zoals wilde zwijnen, herten, vossen en dassen. Ook leven er veel vogels, waaronder roofvogels zoals de buizerd en de sperwer.

In de Veluwe zijn ook veel bezienswaardigheden te vinden, zoals het Kröller-Müller Museum met een grote collectie moderne kunst en het Paleis Het Loo in Apeldoorn, het voormalige zomerverblijf van de Nederlandse koninklijke familie.

Questions

1. Waar ligt de Veluwe?
2. Wat is er te vinden in de Veluwe?
3. Welke dieren leven er in de Veluwe?
4. Welke bezienswaardigheden zijn er in de Veluwe?

Answers

1. De Veluwe ligt in het oosten van Nederland, in de provincies Gelderland en Overijssel.
2. De Veluwe bestaat uit uitgestrekte bossen, heidevelden, zandverstuivingen en historische stadjes en dorpen.
3. In de Veluwe zijn veel verschillende soorten dieren te vinden, zoals wilde zwijnen, herten, vossen en dassen. Ook leven er veel vogels, waaronder roofvogels zoals de buizerd en de sperwer.
4. Bezienswaardigheden in de Veluwe zijn onder andere het Kröller-Müller Museum met een grote collectie moderne kunst en het Paleis Het Loo in Apeldoorn, het voormalige zomerverblijf van de Nederlandse koninklijke familie.

Text Twenty Five

Read the following Dutch comprehension text carefully.

Then answer the questions using the information provided in the text.

Try to answer in full sentences and pay attention to your spelling and grammar.

Once you have answered all the questions, check your answers with the suggested answers.

<u>Een dagje naar Scheveningen</u>

Scheveningen is een populaire badplaats in Nederland. Het heeft een breed zandstrand en een mooie boulevard met restaurants, cafés en winkels. Er is genoeg te doen voor jong en oud. Zo kun je bijvoorbeeld een bezoek brengen aan SEA LIFE Scheveningen, waar je de onderwaterwereld kunt ontdekken. Ook kun je het museum Beelden aan Zee bezoeken, waar je moderne beeldhouwkunst kunt bewonderen. In de zomer kun je ook genieten van verschillende strandactiviteiten, zoals beachvolleybal of kitesurfen.

Questions

1. Wat kun je doen bij SEA LIFE Scheveningen?
2. Wat kun je bekijken in het museum Beelden aan Zee?
3. Welke strandactiviteiten kun je doen in de zomer?

Answers

1. Bij SEA LIFE Scheveningen kun je de onderwaterwereld ontdekken.
2. In het museum Beelden aan Zee kun je moderne beeldhouwkunst bekijken.
3. In de zomer kun je verschillende strandactiviteiten doen, zoals beachvolleybal en kitesurfen.

Text Twenty Six

Read the following Dutch comprehension text carefully.

Then answer the questions using the information provided in the text.

Try to answer in full sentences and pay attention to your spelling and grammar.

Once you have answered all the questions, check your answers with the suggested answers.

<u>Elektrische auto's - Wat zijn ze en hoe werken ze?</u>

Elektrische auto's zijn de laatste jaren steeds populairder geworden. In plaats van traditionele brandstoffen, zoals benzine of diesel, gebruiken deze auto's een elektromotor en een batterij om te rijden. Dit maakt ze niet alleen milieuvriendelijker, maar ook stiller en zuiniger.

Hoe werkt een elektrische auto? De batterij wordt opgeladen door hem aan te sluiten op een oplaadpunt. Tijdens het rijden, zet de elektromotor de elektrische energie om in bewegingsenergie. Sommige auto's hebben ook een systeem dat remenergie omzet in elektrische energie om de batterij op te laden.

Veel mensen maken zich zorgen over de afstand die je kunt afleggen met een elektrische auto, maar de technologie verbetert voortdurend. Moderne elektrische auto's hebben vaak een bereik van 300 kilometer of meer op één lading.

Questions

1. Wat is een elektrische auto?
2. Wat is het voordeel van een elektrische auto?
3. Hoe wordt de batterij van een elektrische auto opgeladen?
4. Hoe ver kan een elektrische auto rijden op één lading?

Answers

1. Een elektrische auto is een auto die wordt aangedreven door een elektromotor en een batterij in plaats van traditionele brandstoffen.
2. Elektrische auto's zijn milieuvriendelijker, stiller en zuiniger.
3. De batterij wordt opgeladen door hem aan te sluiten op een oplaadpunt.
4. Moderne elektrische auto's hebben vaak een bereik van 300 kilometer of meer op één lading.

Text Twenty Seven

Read the following Dutch comprehension text carefully.

Then answer the questions using the information provided in the text.

Try to answer in full sentences and pay attention to your spelling and grammar.

Once you have answered all the questions, check your answers with the suggested answers.

<u>Pasen in Nederland</u>

In Nederland wordt Pasen gevierd met verschillende tradities. Zo versieren mensen hun huizen met paastakken en eieren en eten ze lekkernijen zoals paasbrood en chocolade-eieren. Ook wordt er op paaszondag een speciale kerkdienst gehouden. Een andere traditie is het zoeken naar paaseieren. Kinderen zoeken in de tuin, in het park of in huis naar verstopte chocolade-eieren.

Questions

1. Wat versieren mensen hun huizen mee tijdens Pasen?
2. Welke lekkernijen eten mensen tijdens Pasen?
3. Wat gebeurt er op paaszondag in de kerk?

Answers

1. Mensen versieren hun huizen met paastakken en eieren.
2. Mensen eten lekkernijen zoals paasbrood en chocolade-eieren tijdens Pasen.
3. Op paaszondag wordt er een speciale kerkdienst gehouden.

Text Twenty Eight

Read the following Dutch comprehension text carefully.

Then answer the questions using the information provided in the text.

Try to answer in full sentences and pay attention to your spelling and grammar.

Once you have answered all the questions, check your answers with the suggested answers.

<u>Duurzaam Leven in Nederland</u>

Duurzaam leven is steeds belangrijker geworden in Nederland. Veel mensen willen hun ecologische voetafdruk verminderen en de natuur beschermen. Er zijn veel manieren om duurzaam te leven, zoals het verminderen van afval, energie besparen, en het gebruiken van duurzame producten. Nederland heeft veel initiatieven genomen om duurzaamheid te bevorderen, zoals fietspaden en groene energie. Er zijn ook veel winkels die duurzame producten verkopen, zoals biologische voeding en herbruikbare tassen.

Questions

1. Wat zijn enkele manieren om duurzaam te leven?
2. Welke initiatieven heeft Nederland genomen om duurzaamheid te bevorderen?
3. Waar kun je duurzame producten kopen in Nederland?

Answers

1. Enkele manieren om duurzaam te leven zijn het verminderen van afval, energie besparen, en het gebruiken van duurzame producten.
2. Nederland heeft initiatieven genomen zoals fietspaden en groene energie.
3. Je kunt duurzame producten kopen in winkels zoals biologische voeding en herbruikbare tassen.

Text Twenty Nine

Read the following Dutch comprehension text carefully.

Then answer the questions using the information provided in the text.

Try to answer in full sentences and pay attention to your spelling and grammar.

Once you have answered all the questions, check your answers with the suggested answers.

<u>Ruimteverkenning</u>

Ruimteverkenning is het verkennen van het universum en het bestuderen van objecten en fenomenen buiten de aarde. Wetenschappers doen al decennia lang onderzoek naar het universum en hebben veel ontdekkingen gedaan. Nederland is ook betrokken bij de ruimteverkenning, met verschillende Nederlandse wetenschappers die meewerken aan ruimtemissies.

De ruimteverkenning begon met de lancering van de eerste satelliet, de Sputnik, in 1957. Sindsdien hebben we veel geleerd over ons zonnestelsel en het universum als geheel. Er zijn ruimtemissies geweest naar planeten zoals Mars, Jupiter en Saturnus, evenals naar kometen en asteroïden.

In Nederland heeft de European Space Agency (ESA) een vestiging, ESTEC, in Noordwijk. Hier werken wetenschappers aan verschillende ruimteprojecten, waaronder de ontwikkeling van nieuwe satellieten en ruimtemissies.

Questions

1. Wat is ruimteverkenning?
2. Wat is de rol van Nederland in de ruimteverkenning?
3. Wat is ESTEC en waar bevindt het zich?

Answers

1. Ruimteverkenning is het verkennen van het universum en het bestuderen van objecten en fenomenen buiten de aarde.
2. Nederland is betrokken bij de ruimteverkenning met verschillende Nederlandse wetenschappers die meewerken aan ruimtemissies.
3. ESTEC is een vestiging van de European Space Agency in Noordwijk, waar wetenschappers werken aan verschillende ruimteprojecten.

Text Thirty

Read the following Dutch comprehension text carefully.

Then answer the questions using the information provided in the text.

Try to answer in full sentences and pay attention to your spelling and grammar.

Once you have answered all the questions, check your answers with the suggested answers.

<u>Alles over stroopwafels in Nederland</u>

Stroopwafels zijn een heerlijke Nederlandse lekkernij en ze zijn populair over de hele wereld. Ze worden gemaakt van twee dunne wafels die aan elkaar worden geplakt met een laagje stroop ertussen. De wafels hebben een knapperige textuur aan de buitenkant en een zachte, kleverige binnenkant. Stroopwafels worden meestal als tussendoortje gegeten en zijn vaak te vinden op markten en festivals in Nederland.

Questions

1. Wat zijn stroopwafels?
2. Hoe worden stroopwafels gemaakt?
3. Wanneer worden stroopwafels vaak gegeten?
4. Waar kun je stroopwafels vinden in Nederland?

Answers

1. Stroopwafels zijn een Nederlandse lekkernij.
2. Stroopwafels worden gemaakt van twee dunne wafels met stroop ertussen.
3. Stroopwafels worden vaak als tussendoortje gegeten.
4. Stroopwafels zijn vaak te vinden op markten en festivals in Nederland.

www.ingramcontent.com/pod-product-compliance
Lightning Source LLC
Chambersburg PA
CBHW050607160726
48003CB00003B/1088